盐沼地的一天

康瑟·鲍威尔
凯文·库尔茨

太阳从盐沼上升起，
鸟儿迎着朝阳歌唱。
如你愿花时间在此待上一天，
便能领略这里奇妙的变化。

现在是上午八点钟，
涨潮还未开始。
招潮蟹在泥地上，
开始一场表演秀。

它们挥舞着钳子，
时而向左，时而向右，
这时谁敢靠前，
迎头就是一钳。

现在是上午九点钟，
潮水开始上涨。
在泥泞的岸边，
突然传来轻微的一声“咔嚓”。

原来是一只水龟，
吃一会儿又歇一会儿。
那是它咬破蜗牛壳时，
发出的声响。

现在是上午十点钟，
潮水已经接近草丛。
草丛里的玉黍螺，
静静等待潮水流过。

它们悄无声息地爬上大米草，
紧紧依附其上，
这样潮水涌上来的时候，
才不会被淹没。

现在是上午十一点钟，
潮水继续上涨。
一只蓝蟹在潮沟上，
快速地横行。

蓝蟹一点儿也不挑食，
什么都能吞进肚里。
无论是小鱼还是海参，
都是它的美食。

现在是上午十二点钟，
潮水飞快地上涨。
一片灰色的鱼鳍划破水面，
那是一只海豚在水下飞速前进！

看哪！它游得真快，
像比赛时的冲刺。
一群小鱼游在前面，
好像正被它追逐。

现在是下午一点钟，
水位已经很高。
大米草虽然被泡在水里，
但这不会影响它生存。

大米草一边随风摇摆，
一边吸取盐水。
它的叶片可以锁住水分，
同时把盐分排出去。

现在是下午两点钟，
一条小鱼身披细小闪亮的鳞片，
在水草丛中游弋。

盐沼是小鱼的乐园，
也是很好的藏身之所。
上涨的潮水会给它带来食物，
使它不用四处奔忙。

现在是下午三点钟，
水獭整天都在游泳、追逐、戏水，
忘乎所以，乐此不疲。

两只小崽正在摔跤，
玩得好不热闹。
水獭妈妈开始只是观战，
随后也加入它们一起嬉戏。

现在是下午四点钟，
一只大蓝鹭站在潮沟边，
它身披灰色的羽毛，
喙子又尖又长。

它静静地守在那里，
一旦发现猎物，
尖喙瞬间刺破水面，
百发百中。

现在是下午五点钟，
潮水渐渐退去。
在泥泞的岸边，
躺着一只马蹄蟹。

它看起来纹丝不动，
哪怕你凑近观察。
原来这不是一只活蟹，
只是它蜕下来的壳！

现在是下午六点钟，
牡蛎无处藏身。
它们暴露在阳光下，
不再被潮水覆盖。

牡蛎可以加固水岸，
促进青草生长。
而青草维系着整条食物链，
使盐沼焕发出勃勃生机。

太阳渐渐落下，
盐沼地的一天即将结束。
如果你明天再来这里，
又会有新的趣事在等着你！

创意思维

本书的拥有者为教育和非商业的目的，可以从我们出版社的网站上复制和这个章节相关的资料。网站上还提供很多家庭或课堂上可使用的教学活动和互动式测验等材料。访问阿博戴尔出版社网页 www.ArbordalePublishing.com 以搜索、得到更多的相关资料。

盐沼的植物和动物

阅读下列文字，将文字和图片配对。

1.

2.

3.

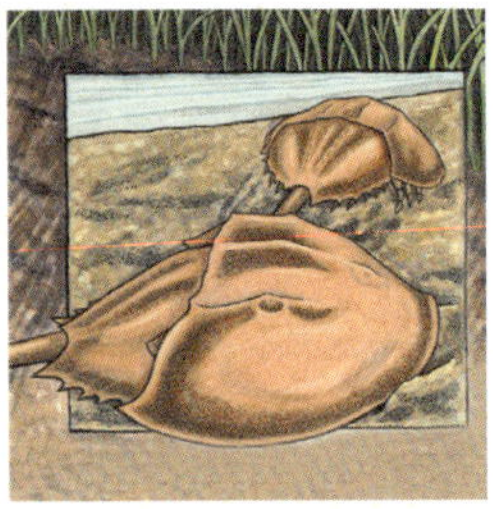

4.

5.

a. 小鱼

很多海鱼的鱼卵和鱼苗随着潮水来到盐沼中。

小鱼在长大游回大海前，一直藏在浅水区的草丛间，以微小的动植物为食。

b. 玉黍螺

玉黍螺生长在盐沼里 ，一些玉黍螺甚至终生只待在一棵草上！

随着潮水上涨，水里的一些腐质（死去动植物的尸体）和藻类会沾在草上。玉黍螺就以这些腐质和藻类为食。

c. 水獭

在北美洲的淡水和咸水的水生环境中，都能见到水獭。在盐沼里，它们以鱼类和多种动植物为食。

d. 大蓝鹭

在北美洲的淡水和咸水的湿地里，都能见到大蓝鹭的身影。

它们觅食时静静地站在浅水里，捕捉身边游过的鱼类和小动物。

e. 牡蛎

牡蛎分布在各大洋沿岸水域。

它们被潮水覆没的时候，取食水里的腐质和藻类。

f. 蓝蟹

在美国的大西洋和墨西哥湾的沿岸水域，都能看见蓝蟹。

它们是食腐动物，以动物的尸体为食。

g. 宽吻海豚

除北极和南极外，宽吻海豚在各大洋沿岸水域和海洋中都有分布。

它们通常集体出动捕食小鱼和乌贼。在美国东南部的盐沼里，宽吻海豚甚至会把鱼类顶出水面，然后在岸上吃掉它们。

h. 菱纹背水龟

菱纹背水龟是一种生活在盐沼中的龟类。

它们以螃蟹、蜗牛、昆虫、小鱼为食，有时也吃蚯蚓和水生植物。

i. 招潮蟹

招潮蟹生活在盐沼的泥地里和潮滩上。

招潮蟹用钳子将泥沙填入嘴里，吞下里面的藻类，再将不可食的部分吐出。

j. 马蹄蟹

马蹄蟹分布在大西洋和墨西哥湾的沿岸水域中。它们生活在湿地以及潮沟底部。

它们以沙地和泥地中的虾、蚯蚓等小动物为食。

6. 

7. 

8. 

9. 

10. 

答案：1.h, 2.c, 3.e, 4.j, 5.a, 6.b, 7.f, 8.d, 9.g, 10.i

潮汐动物的活动

盐沼是位于河流与大海交汇处（河口和海湾）的湿地。盐沼是一种非常重要的动植物栖息地，每天的潮涨潮落给那里的动植物制造了生存的条件。观察下列动物图片，说说什么动物出现在低潮期（咸水少的时候）的可能性大，什么动物出现在高潮期（咸水多的时候）的可能性大？

答案：
低潮期：浣熊，沼泽兔，招潮蟹，大蓝鹭
高潮期：海豚，虾，比目鱼

为什么会有潮汐

大海每天都会有涨潮和退潮的现象，科学家们把这种现象叫做潮汐。产生潮汐的主要原因是月球对地球的引力作用。月球时刻绕着地球旋转，对地球产生引力，使海洋的水位发生变化。水位上升形成涨潮，下降形成退潮。由于引力的作用，海水每天都会涨落两次。当地球、月亮和太阳排成一条直线时，月球和太阳对地球的引力叠加在一起，就能使海水形成更高的海潮。

潮汐每天都有变化，在不同的地点情况也不尽相同。通常高潮发生的时间会比前一天发生的时间晚 50 分钟。大部分地区一天中会有两次潮汐，一些地区只有一次。高潮位和低潮位的差值通常只有几米，但在加拿大的芬迪湾，潮差甚至能超过 12 米！

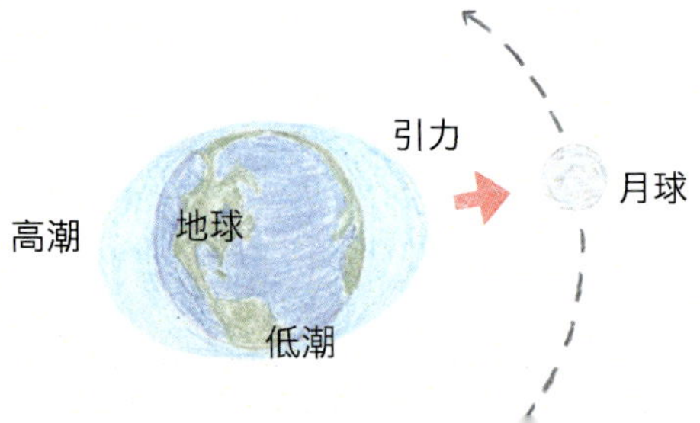

为什么说盐沼很重要

盐沼是地球上最重要的生物栖息地之一。有非常多的植物生长在盐沼里，如果说还有什么地方的植物种类比盐沼中还要多，那就只有热带雨林了。

这些植物对海洋中的生物来说非常重要。潮水会把死亡的植物带入海中，它们所含的营养物质是多条食物链得以维系的基础。如果没有盐沼中的这些植物，海洋中的动物会因为缺乏食物而死亡。

盐沼也是很多幼小海洋动物的保育箱。在那里，它们以动植物为食，没有天敌的威胁。很多我们食用的海鲜，如龙虾、石斑鱼、比目鱼的幼苗都是在盐沼中长大的。如果没有盐沼这块安全地，我们可能就有很多海鲜吃不到了。

盐沼的草地有缓流的作用，可以控制飓风和暴雨带来的洪水。

盐沼里的泥巴吸收水里的化学物质，水草可以挂住水里的垃圾，这些都有助于维护海水的洁净——部分垃圾在到达海里之前就被处理了。

盐沼对鱼蟹来说非常重要，不仅如此，鸟类也离不开盐沼。很多候鸟在漫长的迁徙旅途中把盐沼作为休憩地以及觅食地。

献给安妮，你的友情让我富有。——康瑟·鲍威尔

献给我的父母，感谢你们给我提供了十八年的免费食宿。——凯文·库尔茨

感谢美国国家海洋和大气管理局湿地管理组组长苏珊 - 玛丽·斯特曼，
以及栖息地保护协会渔业办公室给本书内容提供宝贵的修改意见。

ISBN: 978-1-60718-3952 Chinese paperback
ISBN: 978-1-60718-4010 Chinese PDF ebook
ISBN: 978-1-60718-7066 Chinese Interactive Read Aloud

ISBN: 978-0-97688-2350 English hardcover
ISBN: 978-1-93435-9198 English paperback
ISBN: 978-1-60718-0210 English PDF ebook
ISBN: 978-1-64351-0217 English ePub3
ISBN: 978-1-60718-2672 English Interactive Read Aloud

ISBN: 978-1-62855-3734 Spanish paperback
ISBN: 978-1-93435-9563 Spanish PDF ebook
ISBN: 978-1-64351-1795 Spanish ePub3
ISBN: 978-1-62855-0986 Spanish Interactive Read Aloud

Translated into Chinese by 21st Century Publishing House,
Nanchang, Jiangxi, P.R. China

杨书旗 / 译

Printed in the US
This product conforms to CPSIA 2008

Arbordale Publishing
formerly Sylvan Dell Publishing
Mt. Pleasant, SC 29464
www.ArbordalePublishing.com